1905 - Avril 17 -

VENTE

des

Lundi 17 et Mardi 18 Avril 1905

HOTEL DROUOT

Salle N° 7

COLLECTION

HENRY LE SECQ DES TOURNELLES

Me MAURICE DELESTRE
5, rue Saint-Georges

M. LOYS DELTEIL
22, rue des Bons-Enfants

Imp. Frazier-Soye
153 - 157
rue Montmartre

COLLECTION H. LE SECQ DES TOURNELLES

(Première partie)

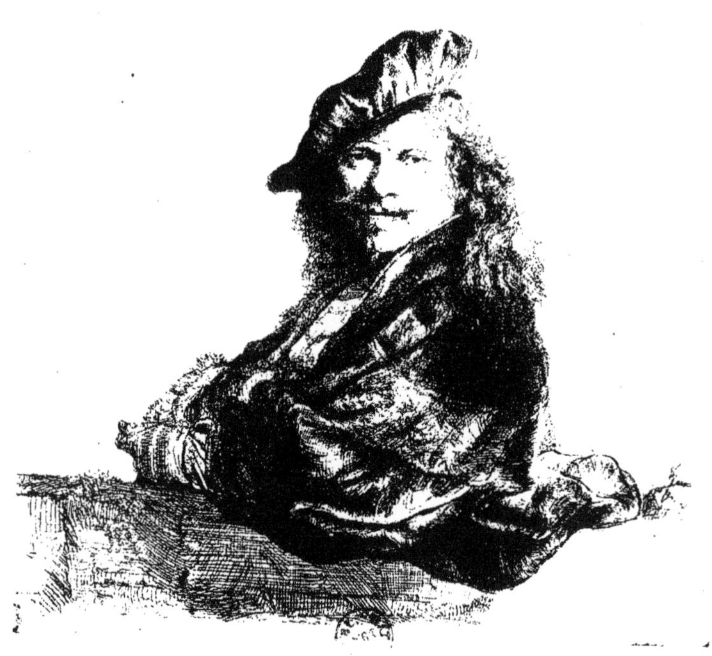

N° 11 du Catalogue.

ŒUVRE

de

REMBRANDT van RYN

Me Maurice Delestre — M. Loys Delteil

1905

CATALOGUE

DE

l'Œuvre Gravé

DE

REMBRANDT van RYN

formé par

HENRY LE SECQ DES TOURNELLES

dont la vente aura lieu

à Paris, HOTEL DROUOT, Salle N° 7

Les Lundi 17 et Mardi 18 Avril 1905

à 2 heures précises

Par le Ministère de Mᵉ MAURICE DELESTRE

COMMISSAIRE-PRISEUR

5, rue Saint-Georges

Assisté de M. LOYS DELTEIL, Artiste-Graveur, Expert

22, rue des Bons-Enfants

CONDITIONS DE LA VENTE

Elle sera faite au comptant.

Les acquéreurs paieront *dix pour cent* en sus des prix d'adjudication.

M. Loys Delteil remplira les commissions que voudront bien lui confier les amateurs ne pouvant y assister.

MM. les amateurs pourront visiter la collection, 22, *rue des Bons-Enfants*, du Lundi 10 au Samedi 15 Avril inclus, de 10 heures à 5 heures.

ORDRE DES VACATIONS

Lundi 17 Avril. — 1re Partie. Œuvre de Rembrandt van Ryn.

Mardi 18 » — 2e Partie. Estampes anciennes et modernes. Dessins. Nos 1 à la fin.

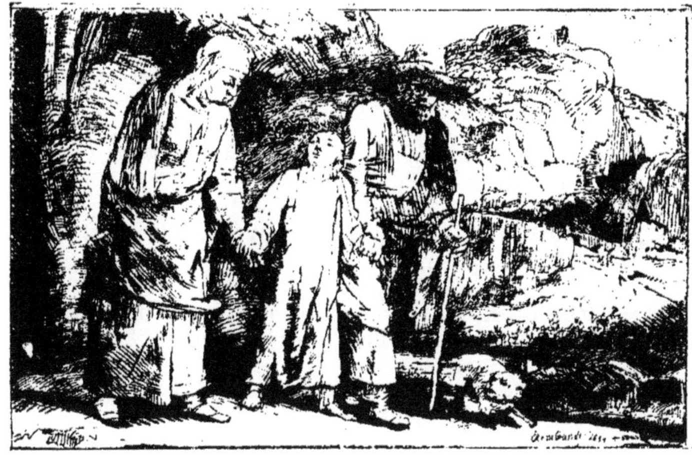

N° 35 du Catalogue.

DÉSIGNATION

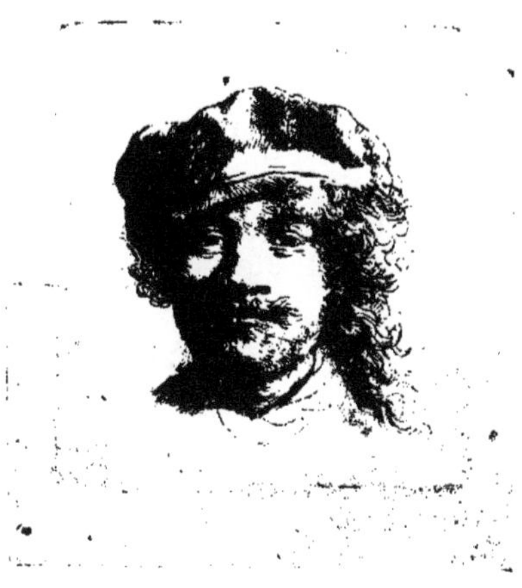

N° 2 du Catalogue.

1. — Rembrandt aux cheveux crépus et au petit col blanc (Bartsch 1, Dutuit 1). Belle épreuve.

2. — Rembrandt aux trois moustaches (B. 2, D. 2). Belle épreuve.

3. — Rembrandt au chapeau rond et au manteau brodé (B. 7 D. 7). Très belle épreuve (rognée).

Collections **H. Weber. Hébich, Utterson** et **W. Koller**.

4. — Rembrandt faisant la moue (B. 10 D. 10). Belle épreuve.

5. — Rembrandt à la bouche ouverte (B. 13 D. 13). Belle épreuve.

6. — Rembrandt à bonnet et à robe fourrés, 1631 (B. 14 D. 14). Très belle épreuve.

7. — Rembrandt au bonnet rond et fourré (B. 16 D. 16). Belle épreuve (rognée).

8. — Rembrandt tenant un sabre (B. 18 D. 18). Très belle épreuve,

9. — Rembrandt et sa Femme, 1636 (B. 19 D. 19). Très belle épreuve du 1er état, *avec le petit crochet au-dessus de l'œil droit de la femme.*

10. — Rembrandt à la toque ornée d'une plume (B. 20 D. 20). Belle épreuve.

11. — Rembrandt appuyé (B. 21 D. 21). Belle épreuve. Collections du **Prince de Paar** et **Donadieu.**

12. — Rembrandt dessinant (B. 22 D. 22). Belle épreuve.

13. — Rembrandt dans un ovale, 1634. (B. 23 D. 23). Très belle épreuve du 3e état. Collection **Donadieu.**

14. — Rembrandt au bonnet fourré et à l'habit blanc (B. 24 D. 24). Belle épreuve.

15. — Rembrandt aux cheveux courts et frisés et au bonnet plat (B. 26 D. 26). Belle épreuve du 2e état.

16. — Rembrandt vu de face et riant (B. 316 D. 29). Belle épreuve.

17. — Rembrandt aux yeux hagards (B. 320 D. 33). Belle épreuve. Collection **Aylesford.**

18. — Abraham recevant les trois Anges (B. 29 D. 36). Superbe épreuve. Collection **Folkes.**

19. — Abraham caressant Isaac (B. 33 D. 38). Belle épreuve *avant le trait échappé* (petite restauration).

20. — Abraham avec son fils Isaac (B. 34 D. 39). Très belle épreuve. Collection du **Prince de Paar.**

21. — Le Triomphe de Mardochée (B. 40 D. 48). Superbe épreuve avec des barbes.

22. — Tobie aveugle (B. 42 D. 45). Belle épreuve.

23. — L'Annonciation aux Bergers (B. 44. D. 49). Très belle épreuve avec le *paysage et les arches du pont distincts.*

24. — L'Adoration des Bergers (B. 46 D. 51). Superbe épreuve du 4e état, sur papier du japon, *avant l'indication des planches ou stalles, et avant diverses retouches.*

25. — La même estampe. Superbe épreuve du 6e état, avec des barbes.

26. — Petite Circoncision (B. 48 D. 53). Belle épreuve.

27. — La Présentation au Temple, *dite avec l'Ange* (B. 51 D. 56). Très belle épreuve du 2e état.

28. — La Fuite en Egypte (effet de nuit) (B. 53 D. 58). Très belle épreuve du 1er état.

29. — Fuite en Egypte (Passage de l'eau) (B. 55 D. 60). Superbe épreuve avec des barbes.

30. — La même estampe. Belle épreuve sur papier du japon.

31. — La Fuite en Egypte, dite *dans le goût d'Elzheimer* (B. 56 D. 61). Très belle épreuve, *avant que les corrosions dans le ciel n'aient été enlevées*. Collection **Donadieu**.

32. — Le Sacrifice d'Abraham, 1655 (B. 35 D. 40). Très belle épreuve. Collection **Vallardi**.

33. — Sujets pour un livre espagnol : *Piedra gloriosa o de la estatua de Nebuchadnesar*, 1655 (B. 36 D. 47). Trois pièces (d'une suite de 4). Très belles épreuves, deux sur parchemin.

34. — Joseph racontant ses songes (B. 37 D. 41). Très belle épreuve. Collection **Kalle**.

35. — Jésus ramené au Temple, ou le Retour d'Egypte (B. 60 D. 70). Superbe épreuve chargée de barbes.

36. — La Vierge au linge (B. 62 D. 65). Belle épreuve.

37. — Jésus au milieu des Docteurs (B. 64 D. 67). Très belle épreuve.

38. — Jésus disputant avec les Docteurs de la loi (B. 65 D. 68). Très belle épreuve du 2e état.

39. — Jésus prêchant, ou la *Petite Tombe* (B. 67 D. 71). Superbe épreuve avec des barbes. Collection J. **Camesina**.

40. — Le Denier de César (B. 68 D. 81). Très belle épreuve sur papier du japon. Collections **Debois et Linck**.

41. — Jésus chassant les vendeurs du Temple (B. 69 D. 80). Belle épreuve.

42. — La Samaritaine (B. 70 D. 72). Très belle épreuve. Collection **Gervaise**.

43. — La Samaritaine, dite aux Ruines (B. 71 D. 73). Belle épreuve. Collection **Didot**.

44. — Jésus guérissant les malades, pièce dite *de cent florins* (B. 74 D. 77). Très belle épreuve du 2e état.

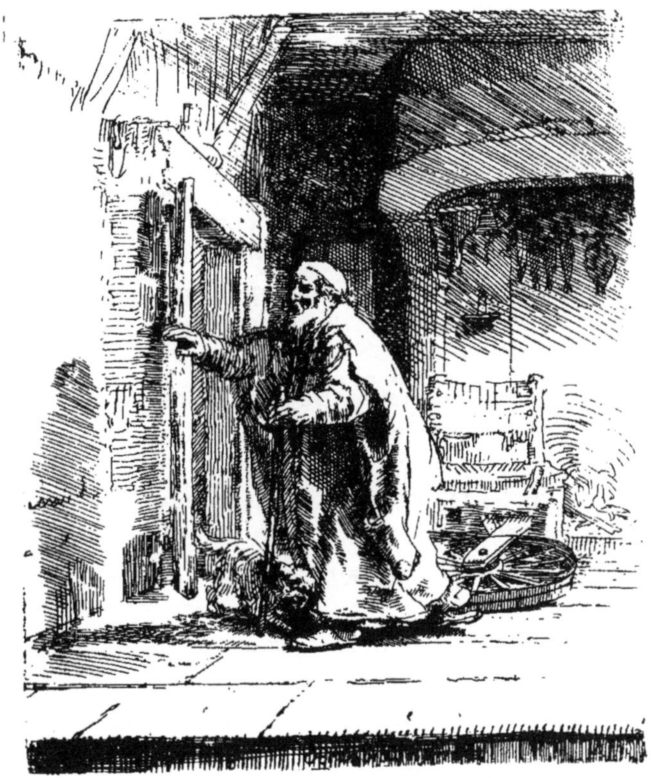

N° 22 du Catalogue.

45. — Jésus-Christ au Jardin des Oliviers (B. 75 D. 82). Superbe épreuve, chargée de barbes. Collections J. **Barnard** et **W. Esdaile.**

46. — Les Trois Croix, 1653 (B. 78 D. 85). Belle épreuve du 3e état, sur parchemin, *avant de nombreux changements dans la composition.* Très rare.

47. — La même estampe. Très belle épreuve du 4e état, *avant l'adresse de F. Carelse.*

48. — Jésus-Christ en croix entre les deux larrons (B. 79 D. 86). Belle épreuve. Collection **W. Drugulin.**

49. — La Grande Descente de Croix (B. 81 D. 88). Superbe épreuve du 2e état, *avant toute adresse.* Collection **C. Schlœsser.**

50. — Descente de croix, *dite au flambeau*, 1654 (B. 83 D. 90). Très belle épreuve. Collections **Bartsch, Archinto et Fuessli.**

51. — Jésus-Christ au tombeau (B. 86 D. 93). Superbe épreuve *avant divers travaux.* Collection **Aylesford.**

52. — La même estampe. Superbe épreuve sur parchemin. .

53. — Jésus-Christ au milieu de ses disciples, 1650 (B. 89 D. 96). Très belle épreuve sur papier du japon.

54. — Le Bon Samaritain (B. 90 D. 75). Belle épreuve.

55. — Le Retour de l'Enfant prodigue (B. 91 D. 76). Belle épreuve.

56. — Pierre et Jean à la porte du Temple (B. 95 D. 98). Très belle épreuve *avant les derniers travaux*, avec des barbes.

57. — Martyre de St Étienne (B. 97 D. 100). Belle épreuve.

58. — Le Baptême de l'eunuque de la reine de Candace, 1641 (B. 98 D. 101). Belle épreuve. Collection **W. Drugulin.**

59. — St Jérôme lisant au pied d'un arbre, 1634 (B. 100 D. 103). Très belle épreuve du 2e état.

60. — St Jérôme à genoux (B. 102 D. 105). Belle épreuve.

61. — St Jérôme écrivant, 1648 (B. 103 D. 106). Superbe épreuve du 2e état, très légèrement rognée dans le haut. Collections **Debois, Houlditch et G. Hibbert**.

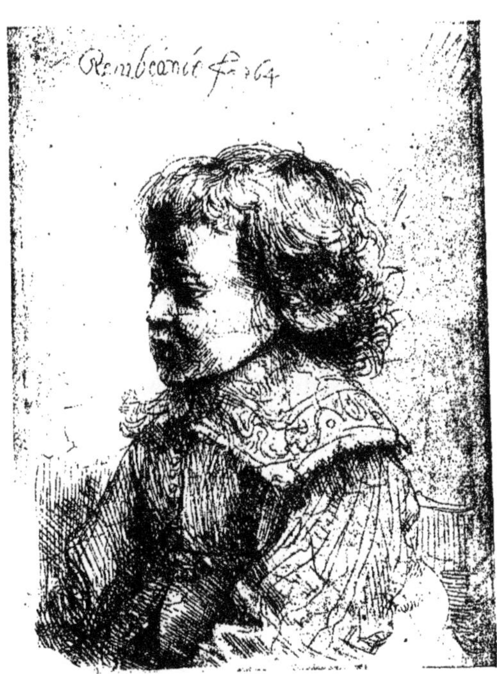

N° 134 du Catalogue.

62. — St Jérôme, dit dans le *Goût d'Albert Durer* (B. 104 D. 107). Superbe épreuve du 2e état, avec des barbes.

63. — St Jérôme en méditation (B. 105 D. 108). Belle épreuve.

64. — Saint François, 1657 (B. 107 D. 109). Superbe épreuve du 2e état, chargée de barbes.

65. — La Fortune contraire (B. 111 D. 112) Belle épreuve.

66. — L'Etoile des Rois (B. 113 D. 114). Superbe épreuve.

67. — La petite Chasse aux Lions (B. 114 D. 115). Très belle épreuve.

68. — Autre Chasse aux Lions (B. 115 D. 116). Très belle épreuve.

69. — Sujet de bataille (B. 117 D. 118). Belle épreuve.

70. — Le petit Orfèvre (B. 123 D. 124). Superbe épreuve, sur papier du japon. Collection **Arosarena.**

71. — La Faiseuse de Koucks (B. 124 D. 125). Belle épreuve.

72. — Le Jeu de Kolef (B. 125 D. 126) — Le Maître d'école (128-128). Deux pièces. Belles épreuves.

73. — Le Dessinateur (B. 130 D. 130). Belle épreuve. Collection **W. Esdaile.**

74. — Le Paysan avec sa femme et son enfant (B. 131 D. 131) — Vieillard à courte barbe (151-147). Deux pièces. Belles épreuves.

75. — Juif à grand bonnet (B. 132 D. 132). Très belle épreuve sur papier du japon. Collection **F. Debois.**

76. — Vieillard vu par le dos (B. 143 D. 141) — Vieillard sans barbe (B. 150 D. 146). Deux pièces. Belles épreuves.

77. — Homme méditant (B. 148 D. 144). Belle épreuve.

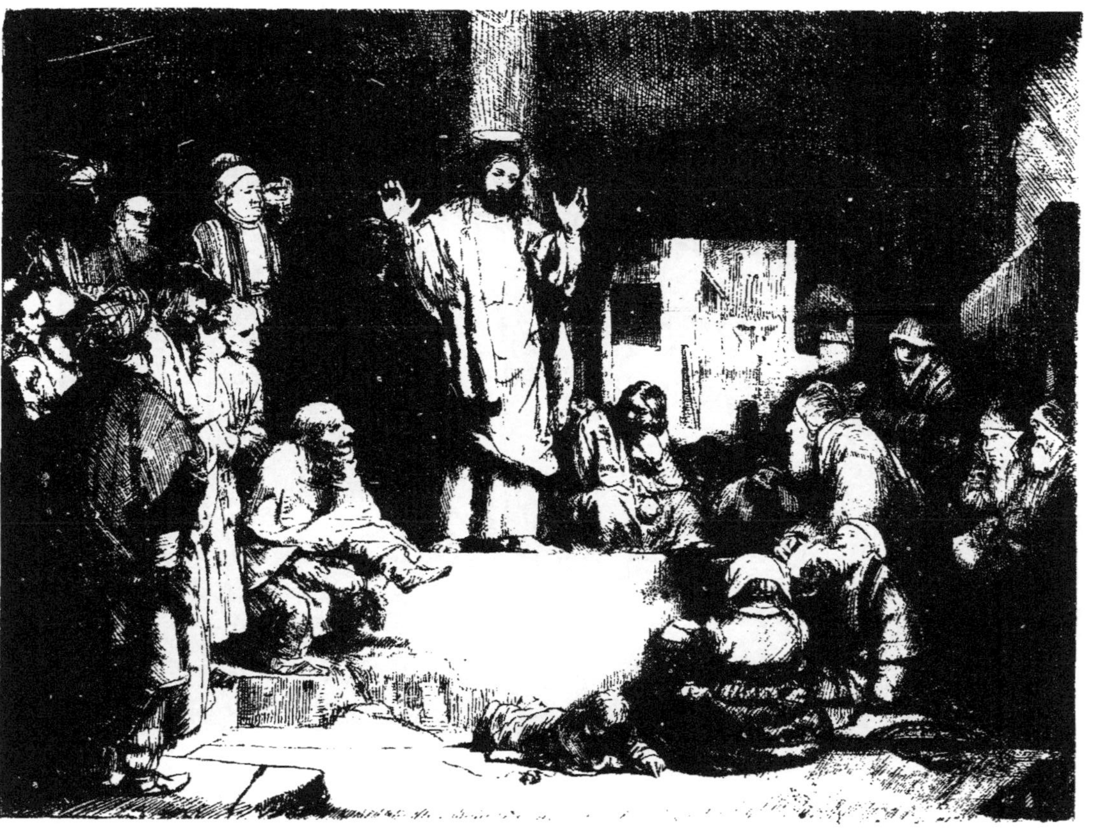

N° 39 du Catalogue.

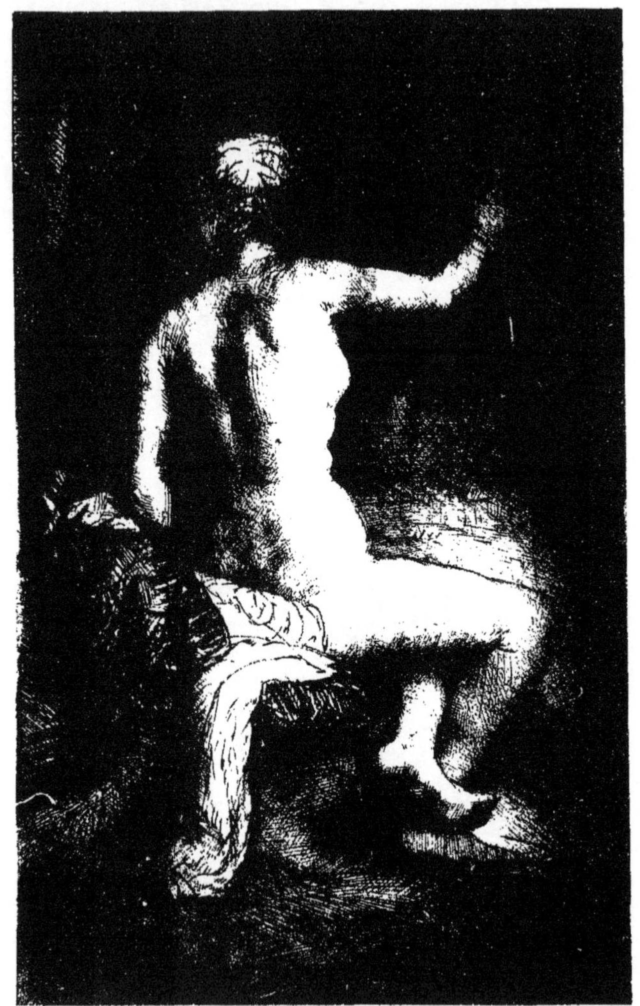

N° 91 du Catalogue.

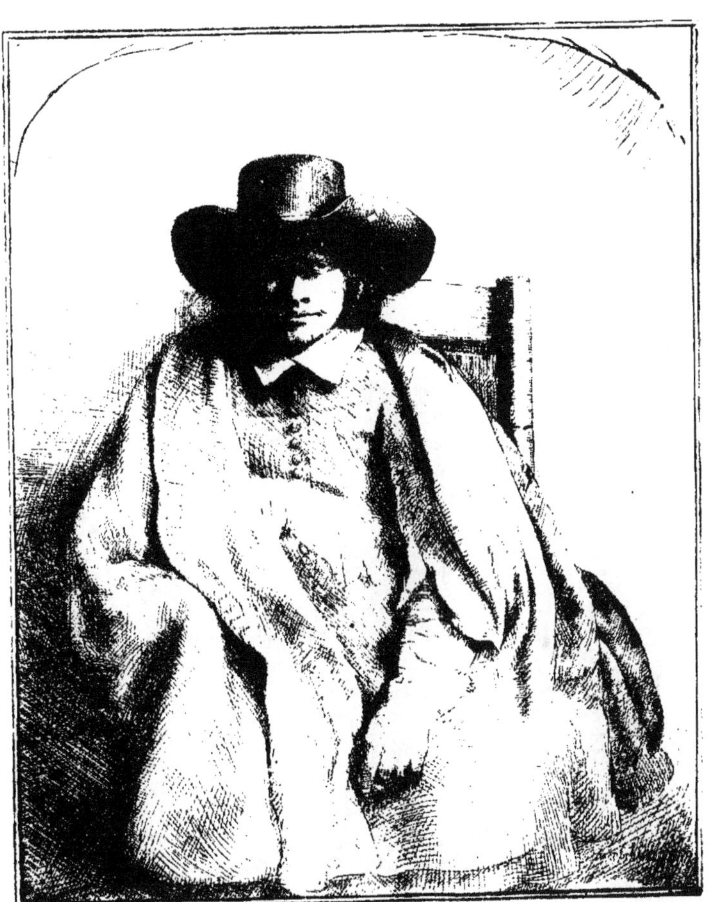

N° 111 du Catalogue.

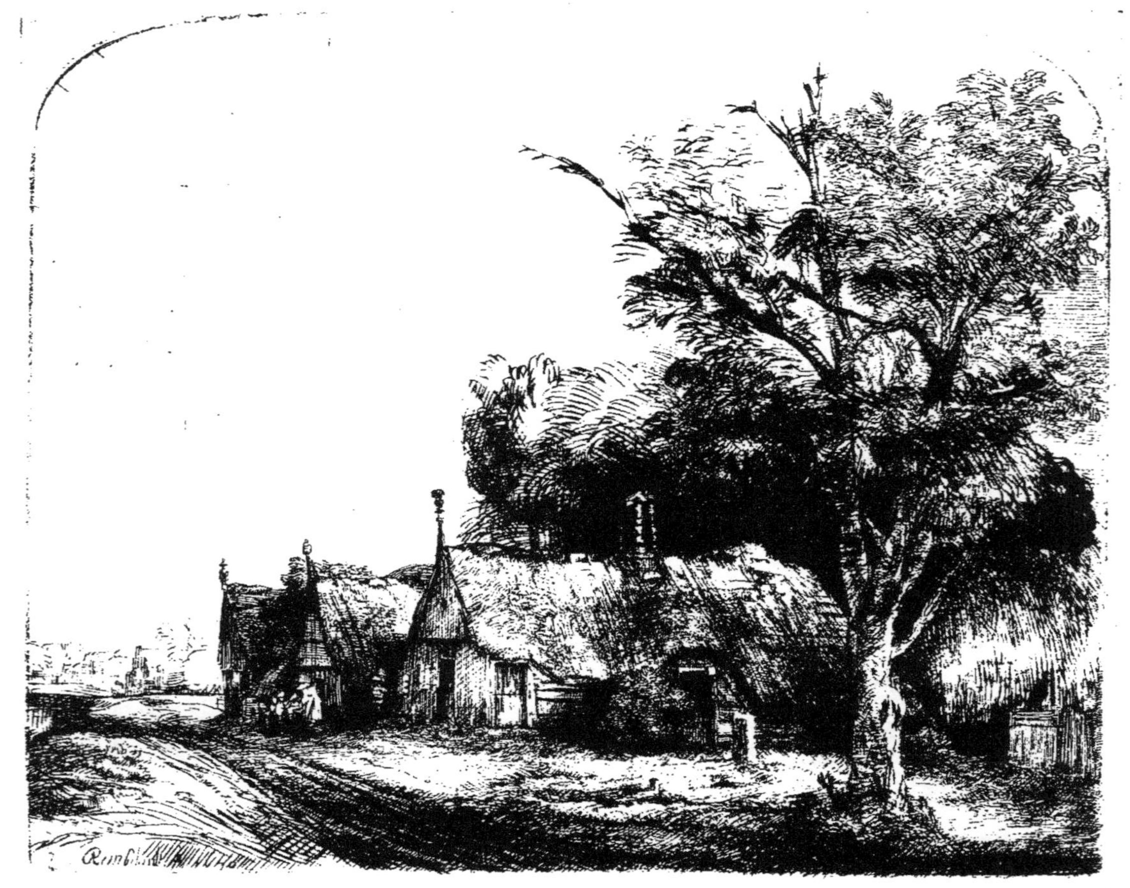

N° 95 du Catalogue.

78. — Le Persan (B. 152 D. 148). Belle épreuve.

79. — Le Cochon (B. 157 D. 153). Superbe épreuve. Collection **Didot**.

80. — Gueux debout (B. 163 D. 159). Très belle épreuve.

81. — Gueux et gueuse (B. 164 D. 160) — Femme à la calebasse (B. 168 D. 164) — Vieille mendiante (B. 170 D. 166). Trois pièces. Belles épreuves.

82. — Gueux dans le goût de Callot (B. 166 D. 162). Belle épreuve.

83. — Gueux à manteau déchiqueté (B. 167 D. 163 — Gueux se chauffant les mains (B. 173 D. 169) — Gueux estropié (B. 179 D. 175). Trois pièces. Belles épreuves.

84. — Gueux assis sur une motte de terre, 1630 (B. 174 D. 170). Très belle épreuve du 1er état. Collections **F. Debois** et **Vallette**.

85. — Trois Mendiants à la porte d'une maison (B. 176 D. 172). Superbe épreuve.

86. — Deux Gueux en pendant (B. 177-178 D. 173-174). Deux pièces. Très belles épreuves.

87. — Paysan déguenillé, les mains derrière le dos (B. 172 D. 168). Très belle épreuve.

88. — Académie d'un homme assis à terre (B. 196 D. 193). Belle épreuve. Collection du **Prince de Paar**.

89. — Femme au bain (B. 199 D. 196). Très belle épreuve sur papier du japon. Collection **E. Utterson**.

90. — Femme nue, les pieds dans l'eau (B. 200 D. 197). Superbe épreuve sur papier du japon, les bords du cuivre sales et raboteux.

91. — La Femme à la flèche, 1661 (B. 202 D. 199). Superbe épreuve *avant que le nom du maître, n'ait été renforcé.* Collections **W. Esdaile** et **Ed. Astley.**

92. — Vue d'Omval, près d'Amsterdam, 1645 (B. 209 D. 206). Belle épreuve. Collections **F. Rechberger** et **P. Huart.**

93. — Ancienne vue d'Amsterdam (B. 210 D. 207). Belle épreuve.

94. — Le Chasseur (B. 211 D. 208). Très belle épreuve du 2e état. Collection **Arozarena.**

95. — Le Paysage aux trois chaumières, 1650 (B. 217 D. 214). Magnifique épreuve chargée de barbes. Collection **G. Morant.**

96. — Le Paysage à la tour carrée, 1650 (B. 218 D. 215). Très belle épreuve avec des barbes. Collections **Debois** et **Graef.**

97. — Le Berger et sa Famille (B. 220 D. 217). Très belle épreuve.

98. — L'Obélisque (B. 227 D. 224). Très belle épreuve.

99. — L'Abreuvoir (B. 231 D. 228). Belle épreuve.

100. — La Chaumière entourée de planches (B. 232 D. 229). Très belle épreuve du 2e état, sur *papier à la folie.*

101. — Le Moulin, dit de Rembrandt (B. 233 D. 230). Très belle épreuve.

102. — Le Canal aux cygnes (B. 235 D. 232). Très belle épreuve (les coins du haut restaurés).

103. — Le Paysage au bateau (B. 236 D. 233). Belle épreuve.

104. — Paysage à la vache qui s'abreuve (B. 237 D. 234). Belle épreuve. Collection **J. F. Marsh.**

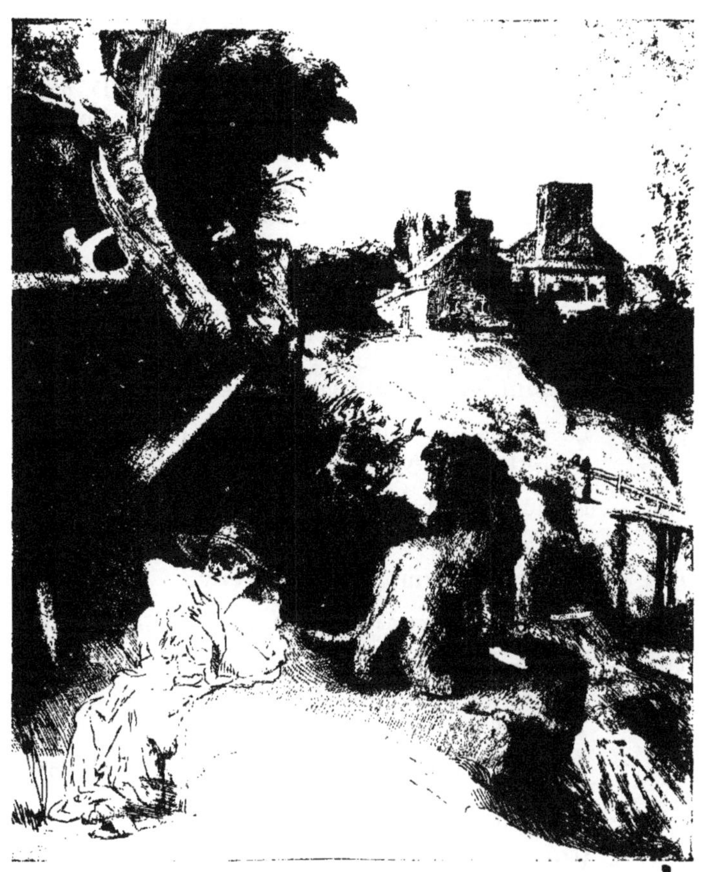

N° 62 du Catalogue.

105. — Vieillard portant la main à son bonnet (B. 259 D. 275). Très belle épreuve du 1er état, sur japon. Collection **Gervaise.**

106. — Vieillard à grande barbe et bonnet fourré (B. 262 D. 278). Très belle épreuve.

107. — Linden (Jan-Antonides Vander) (B. 264 D. 264). Très belle épreuve. Collection **F. Rechberger.**

108. — Vieillard à barbe carrée, 1640 (B. 265 D. 280). Très belle épreuve du 2e état. Collection **Alex. Beugo.**

109. — Sylvius (Cornelis, dit Janus) (B. 266 D. 268). Belle épreuve. Collection **W. Ackermann.**

110 — La même estampe. Belle épreuve. Collection **P. Gervaise.**

111. — Jonghe (Clément de), 1651 (B. 272 D. 263). Superbe épreuve du 3e état, le cintre légèrement indiqué, et avant de nombreux travaux.

112. — Le même portrait. Superbe épreuve du 5e état. Collection **Aylesford.**

113. — Francz (Abraham) (B. 273 D. 260). Belle épreuve *avant les dernières retouches.*

114. — La même estampe. Belle épreuve.

115. — Haaring le jeune (B. 275 D. 262). Belle épreuve.

116. — Lutma (Jan), 1656 (B. 276 D. 265). Très belle épreuve *avant les derniers travaux dans le cintre.*

117. — Asselin (Jan), dit Crabbetje (B. 277 D. 255). Superbe épreuve du 3e état, sur papier du japon. Collection **J. Chalon.**

118. — Wttenbogardus (Jan), 1635 (B. 279 D. 272). Très belle épreuve. Collection **J. Barnard.**

119. — Coppenol (Lieven), dit le *Petit Coppenol* (B. 282 D. 257). Superbe épreuve du 3e état, *avant le triptyque.* Collection **Cl. Aug. Mariette,** 1695.

120. — Le même portrait. Très belle épreuve du 5e état, le triptyque effacé. Collection **Arozarena.**

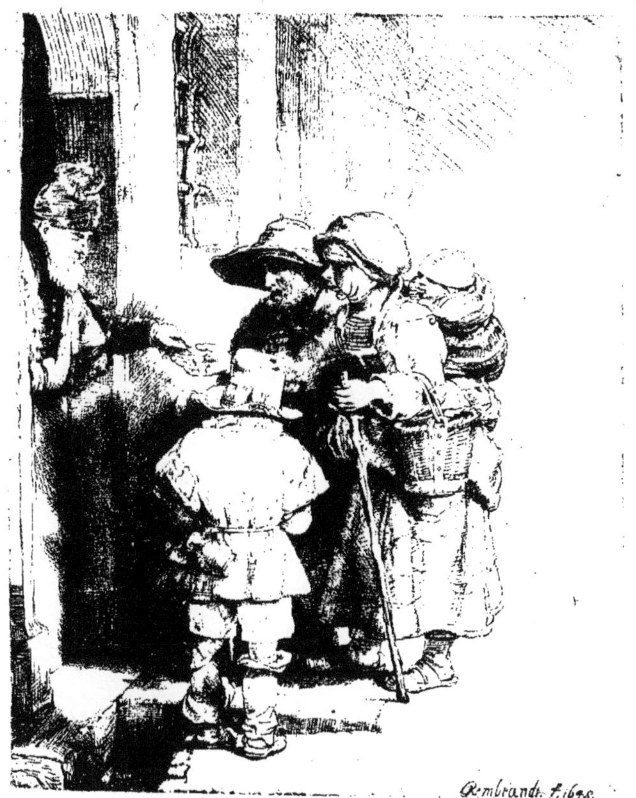

N° 85 du Catalogue.

121. — Première tête orientale (B. 286 D. 283). Superbe épreuve.

122. — Deuxième tête orientale (B. 287 D. 284). Superbe épreuve.

123. — Homme en bonnet (B. 289 D. 286). Très belle épreuve.

124. — Tête d'homme chauve (B. 292 D. 289). Belle épreuve.

125. — Tête d'homme chauve (B. 294 D. 291). Très belle épreuve.

126. — Tête à demi-chauve (B. 296 D. 292). Belle épreuve. Rare. Collections **J. Barnard et Chalon.**

127. — Vieillard à tête chauve (B. 298 D. 294). Belle épreuve.

128. — Vieillard sans barbe (B. 299 D. 295). Belle épreuve. Collection du **Prince de Paar.**

129. — Vieillard à barbe courte et frisée (B. 300 D. 296) — Homme faisant la moue (B. 308 D. 304). Deux pièces. Belles épreuves.

130. — Esclave à grand bonnet (B. 302 D. 298). Très belle épreuve. Collection du **Prince de Paar.**

131. — Tête d'Homme de face (B. 304 D. 300). Très belle épreuve.

132. — Homme à bouche de travers (B. 305 D. 301). Belle épreuve. Collection **Camesina.**

133. — Vieillard chauve à barbe courte (B. 306 D. 302). Très belle épreuve. Collection **Vallette.**

134. — Jeune Homme à mi-corps, 1641 (B. 310 D. 306). Très belle épreuve. Très rare. Collection **Camesina.**

135. — Vieillard à barbe carrée fort large, 1630 (B. 325 D. 318). Belle épreuve.

136. — La Grande Mariée juive (B. 340 D. 329). Très belle épreuve (très légère restauration).

137. — La Petite Mariée juive, 1638 (B. 342 D. 331). Très belle épreuve.

138. — Vieille femme assise (B. 343 D. 332). Belle épreuve.

139. — Autre vieille femme assise (B. 344 D. 333). Belle épreuve.

140. — Femme coiffée, en cheveux (B. 347 D. 335). Très belle épreuve du 2e état. Collection **A. Donnadieu.**

141 — Buste de la Mère de Rembrandt, 1631 (B. 349 D. 337). Belle épreuve.

142. — Vieille qui dort (B. 350 D. 338). Très belle épreuve.

143. — Tête de vieille regardant en bas, 1633 (B. 351 D. 339). Belle épreuve.

144. — Vieille à bouche pincée (B. 352 D. 340). Très belle épreuve.

145 — Buste de Femme âgée (B. 358 D. 346). Belle épreuve.

146. — Femme à grande cornette (B. 359 D. 347). Belle épreuve.

147. — Griffonnements, où se voit la tête de Rembrandt très finie (B. 363 D. 351). Très belle épreuve. Collection **Poggi.**

148. — Feuille avec six Têtes, au milieu desquelles est le portrait de la femme de Rembrandt (B. 365 D. 353). Belle épreuve.

149. — Trois têtes de Femmes (B. 367 D. 355). Superbe épreuve.

150. — Trois têtes de Femmes, dont une qui dort (B. 368 D. 356). Superbe épreuve. Collection **P. Mariette,** 1668.

151. — Sujets religieux — Têtes de fantaisie, etc. Dix-sept-pièces.

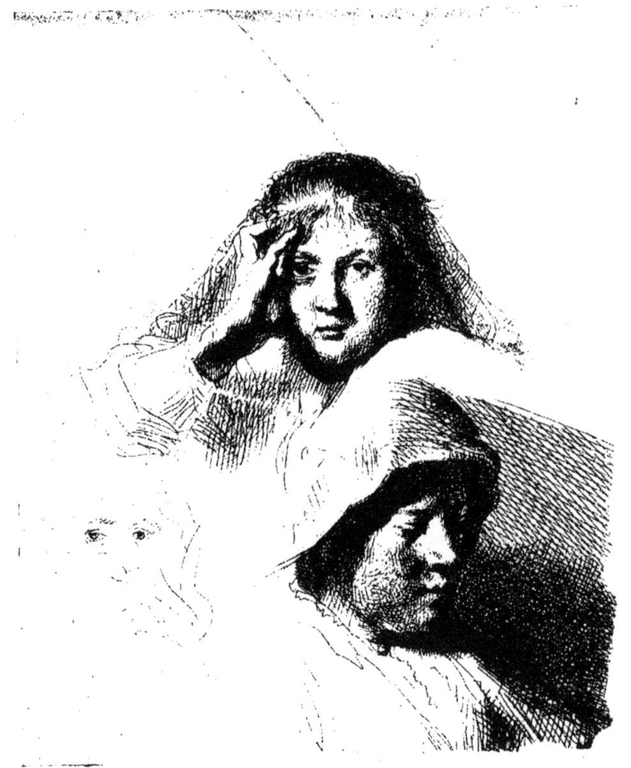

N° 149 du Catalogue.

BOL (Ferdinand)

152. — L'Homme à la toque, 1642 (D. 14). Très belle épreuve. Collection **Arozarena**.

153. — Portrait de Femme dans un ovale, 1644 (D. 17). Très belle épreuve.

LIVENS (Jean)

154. — St François (D. 6). Deux très belles épreuves dont une *avant que le cuivre n'ait été réduit.*

155. — St Jérôme (D. 5) — Un Homme à genoux (9). — Buste de vieillard (24) — Buste de jeune homme (26) — Buste de vieillard (32). Cinq pièces. Belles épreuves.

IMPRIMERIE
FRAZIER-SOYE
153-157, Rue Montmartre
PARIS

www.ingramcontent.com/pod-product-compliance
Ingram Content Group UK Ltd.
Pitfield, Milton Keynes, MK11 3LW, UK
UKHW020521180726
13839UKWH00005B/2227